目录

北京市 天津市 河北省

北京市 天津市 河北省

▲ 故宫博物院

北京 天津 河北旅游资源图

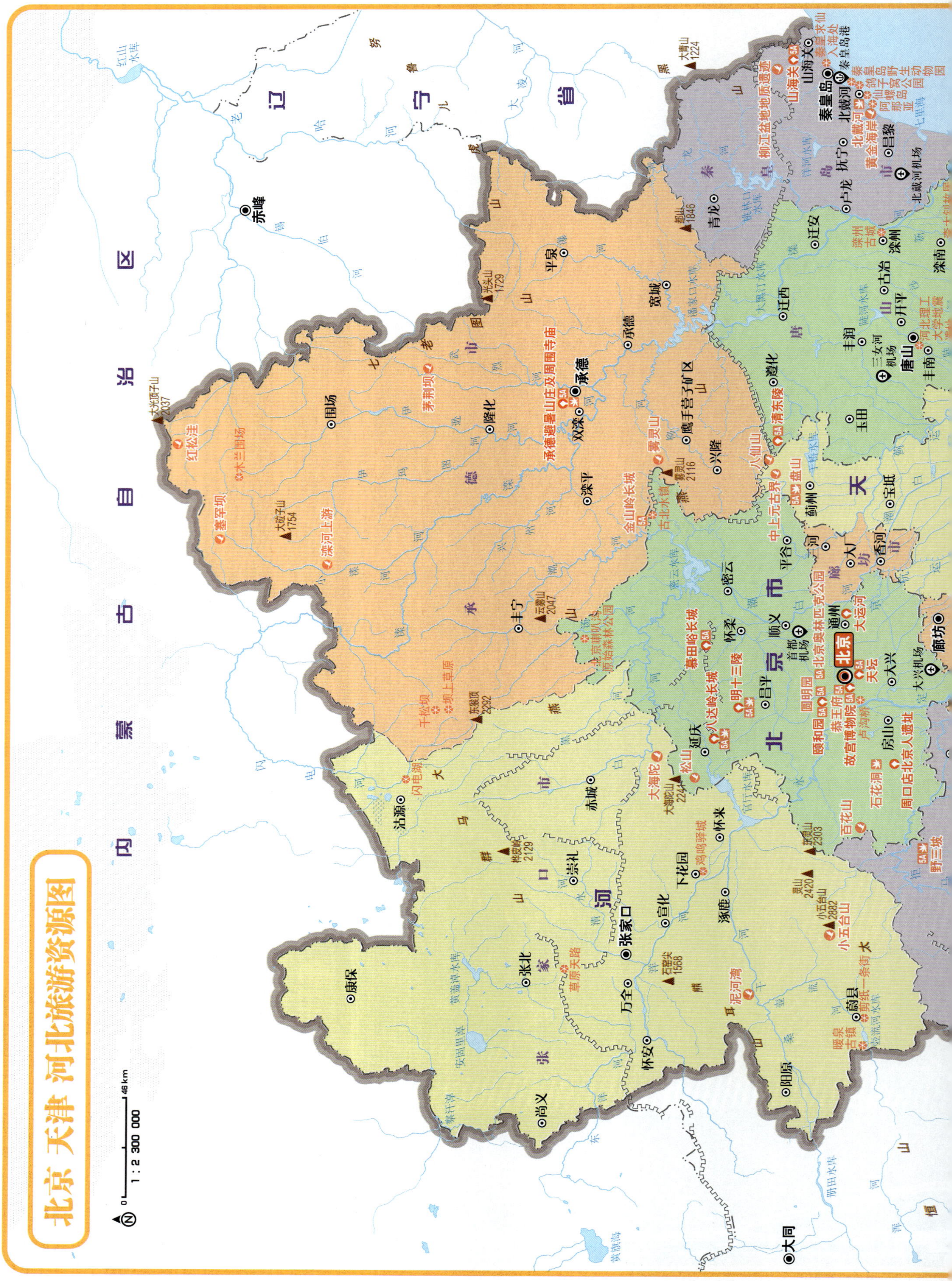

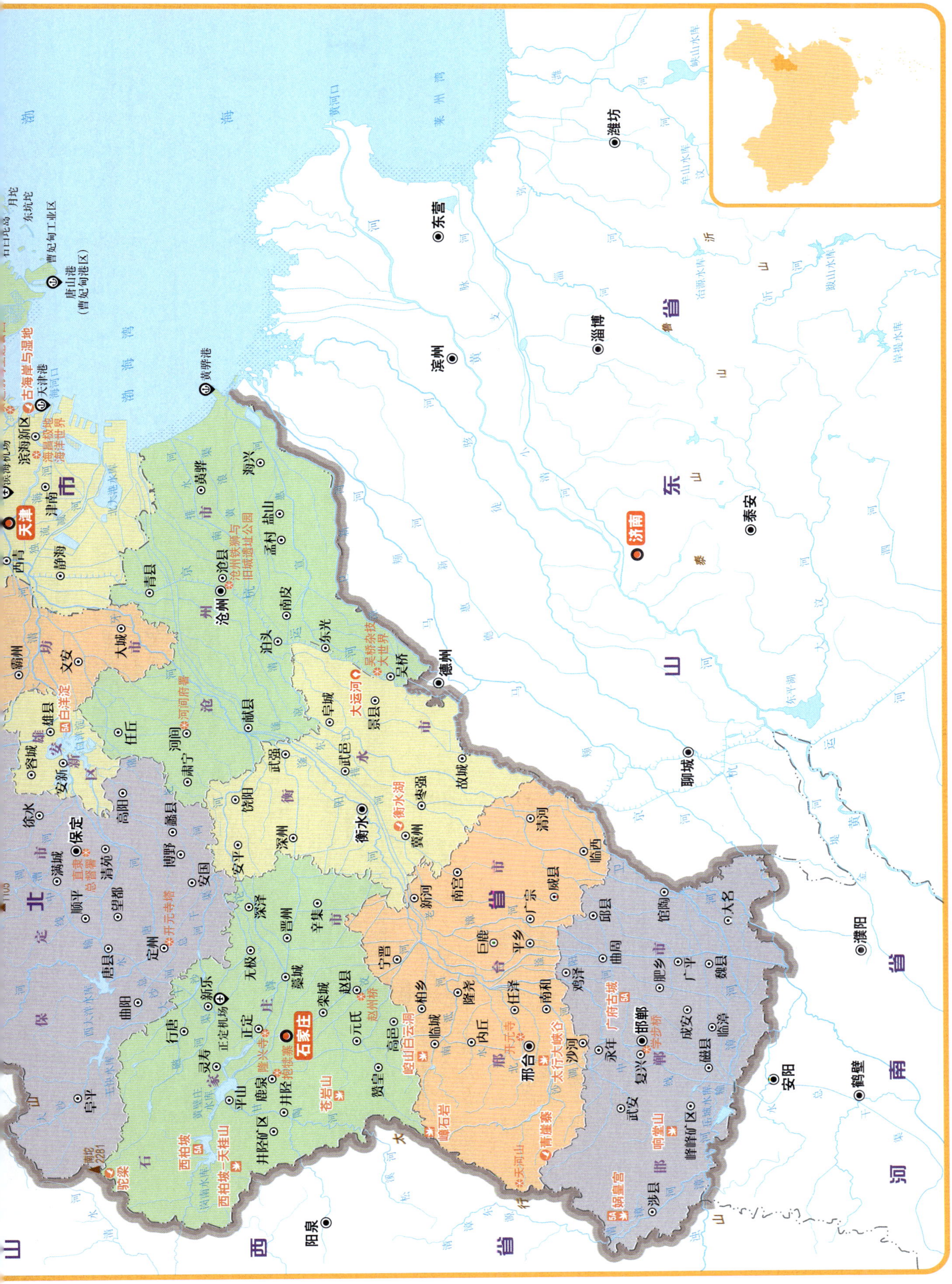
渤海
莱州湾
黄河口
潍坊
东营
淄博
滨州
济南
泰安
德州
聊城
濮阳
安阳
鹤壁
阳泉
山东省
河南省
山西省
天津
津南
静海
西青
滨海新区
天津港
黄骅港
唐山港
（曹妃甸港区）
曹妃甸工业区
古海岸与湿地
沧州
沧县
青县
黄骅
海兴
盐山
孟村
南皮
泊头
东光
吴桥
献县
河间
肃宁
任丘
大城
文安
霸州
雄县
容城
安新
高阳
保定
徐水
满城
清苑
蠡县
博野
安国
望都
顺平
唐县
定州
曲阳
阜平
衡水
武强
饶阳
安平
深州
武邑
阜城
景县
故城
枣强
冀州
深泽
晋州
辛集
无极
藁城
新乐
行唐
灵寿
正定
石家庄
鹿泉
井陉
井陉矿区
平山
栾城
赵县
元氏
高邑
赞皇
宁晋
新河
南宫
巨鹿
广宗
平乡
威县
清河
临西
柏乡
隆尧
任县
临城
内丘
邢台
南和
沙河
邱县
曲周
馆陶
大名
鸡泽
肥乡
广平
魏县
成安
临漳
邯郸
永年
磁县
武安
涉县
峰峰矿区
驼梁
西柏坡
西柏坡－天桂山
苍岩山
嶂石岩
赵州桥
衡水湖
大运河
吴桥杂技大世界
隆兴寺
开元寺
广府古城
响堂山
娲皇宫
太行大峡谷
白洋淀
北京市 天津市 河北省

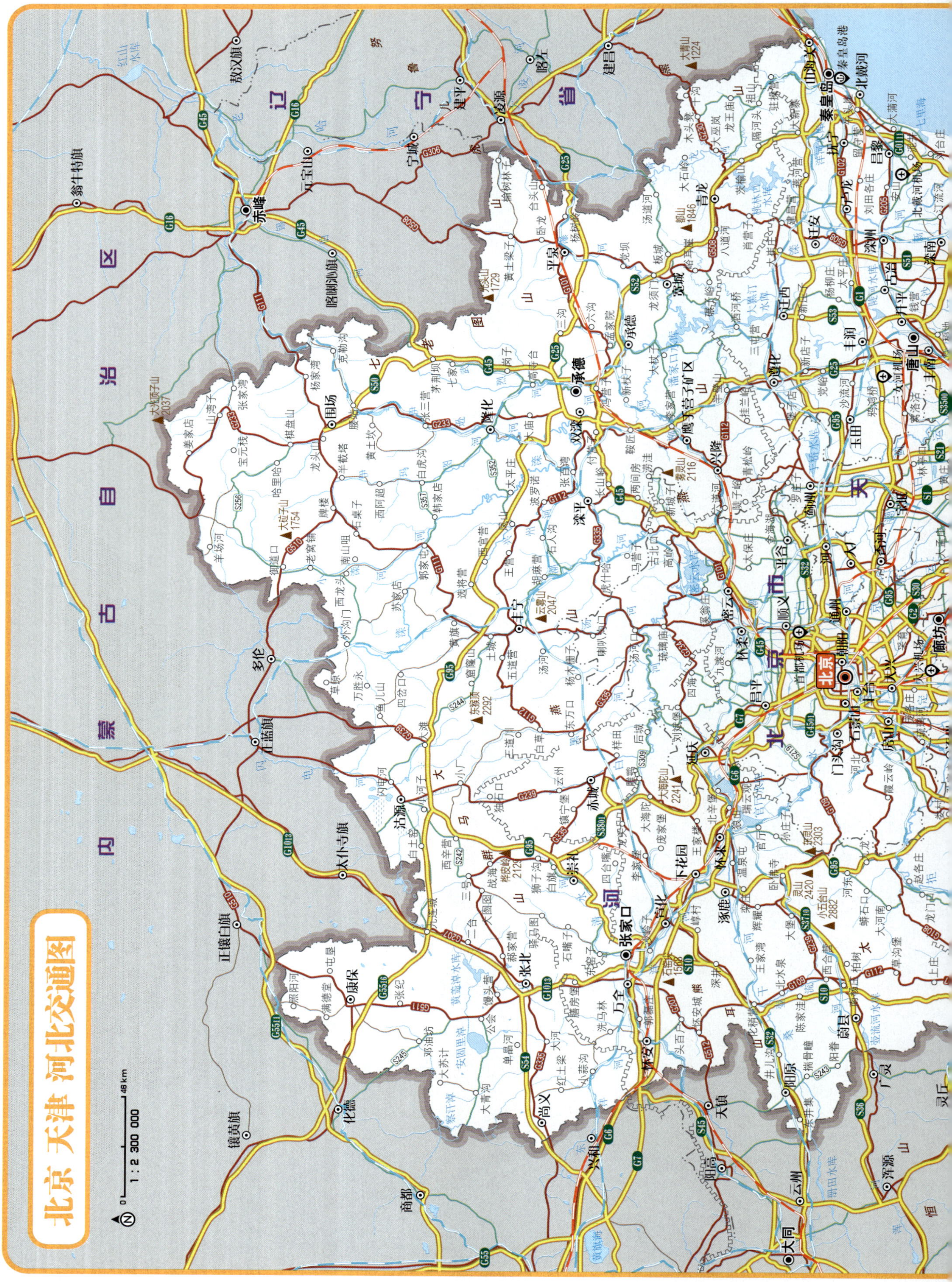
北京 天津 河北交通图
1:2 300 000
北京
天津
承德
张家口
唐山
秦皇岛
廊坊
赤峰
大同

天津
石家庄
济南
保定
沧州
衡水
德州
邢台
邯郸
聊城
滨州
东营
淄博
潍坊
泰安
莱芜
安阳
鹤壁
濮阳
阳泉
黄骅
任丘
辛集
定州
晋州
南宫
临清
武城
乐陵
庆云
无棣
沾化
利津
垦利
寿光
昌乐
青州
临朐
沂源
新泰
肥城
平阴
东阿
阳谷
莘县
冠县
馆陶
大名
魏县
临漳
磁县
武安
沙河
内丘
临城
高邑
赵县
宁晋
新河
巨鹿
平乡
广宗
威县
清河
故城
枣强
冀州
深州
武强
饶阳
安平
献县
泊头
南皮
盐山
海兴
孟村
吴桥
东光
宁津
陵县
临邑
商河
济阳
齐河
禹城
平原
夏津
高唐
茌平
长清
章丘
邹平
博兴
高青
广饶
桓台
博山
沂水
蒙阴
平邑
泗水
曲阜
宁阳
汶上
兖州
梁山
郓城
鄄城
台前
范县
阳信
惠民
唐山港
天津港
黄骅港
渤海
渤海湾
莱州湾
北
山
西
省
东
河
南

北京市 天津市 河北省

北京 天津 河北
自驾游行前概览

京津冀城市群包括北京、天津两大直辖市，以及河北省的唐山、秦皇岛、保定、张家口、承德、沧州、廊坊等多座城市，是中国北方经济规模最大、最具活力的地区，且文化底蕴深厚、旅游资源丰富。京津冀拥有数条自驾游精品线路，公路交通便利，驾驶难度低，适合新手、新能源汽车自驾出游。但华北地区春季柳絮飞扬、沙尘暴多发；夏季常出现极端高温天气且降水集中；冬季的平均气温在0℃上下，寒冷且干燥，出游需提前确认天气状况。自驾游需要长途跋涉，对自驾车主来说，未雨绸缪，提前规划旅游线路，实时关注景区天气、交通路况和交通安全显得尤为重要。

★主要旅游资源

世界遗产 长城、故宫博物院、周口店北京人遗址、承德避暑山庄及周围寺庙、颐和园、天坛、明清皇家陵寝、大运河

国家5A级旅游景区 八达岭—慕田峪、北京奥林匹克公园、明十三陵、圆明园、天坛、恭王府、故宫博物院、颐和园、古文化街、盘山、白洋淀、清东陵、承德避暑山庄及周围寺庙、野三坡、清西陵、白石山、金山岭长城、西柏坡、广府古城、山海关、娲皇宫

国家级风景名胜区 八达岭—十三陵、石花洞、盘山、承德避暑山庄及周围寺庙、北戴河、野三坡、苍岩山、嶂石岩、西柏坡—天桂山、崆山白云洞、太行大峡谷、响堂山、娲皇宫

国家级自然保护区 松山、百花山、古海岸与湿地、中上元古界、八仙山、黄金海岸、小五台山、泥河湾、大海陀、雾灵山、红松洼、衡水湖、柳江盆地地质遗迹、塞罕坝、茅荆坝、滦河上游、驼梁、青崖寨

◀ 日落下的天津

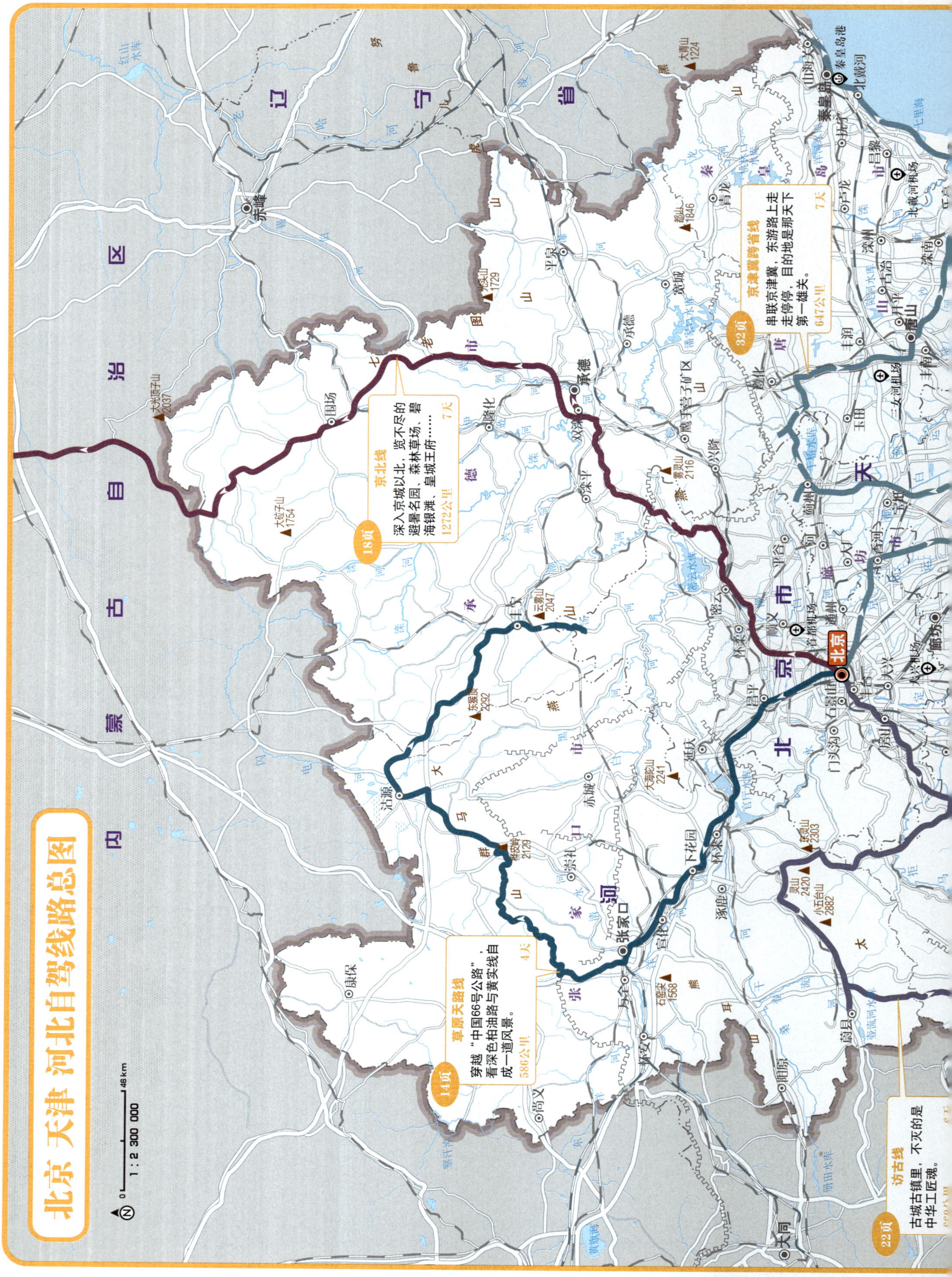
北京 天津 河北自驾线路总图
1:2 300 000
0 48 km
18页 京北线
深入京城以北，览不尽的避暑名园、森林草场、碧海银滩、皇城王府……
1272公里 7天
32页 京津冀跨省线
串联京津冀，东游路上走走停停，目的地是那天下第一雄关。
647公里 7天
14页 草原天路线
穿越“中国66号公路”，看深色柏油路与黄实线自成一道风景。
586公里 4天
22页 访古线
古城古镇里，不灭的是中华工匠魂。

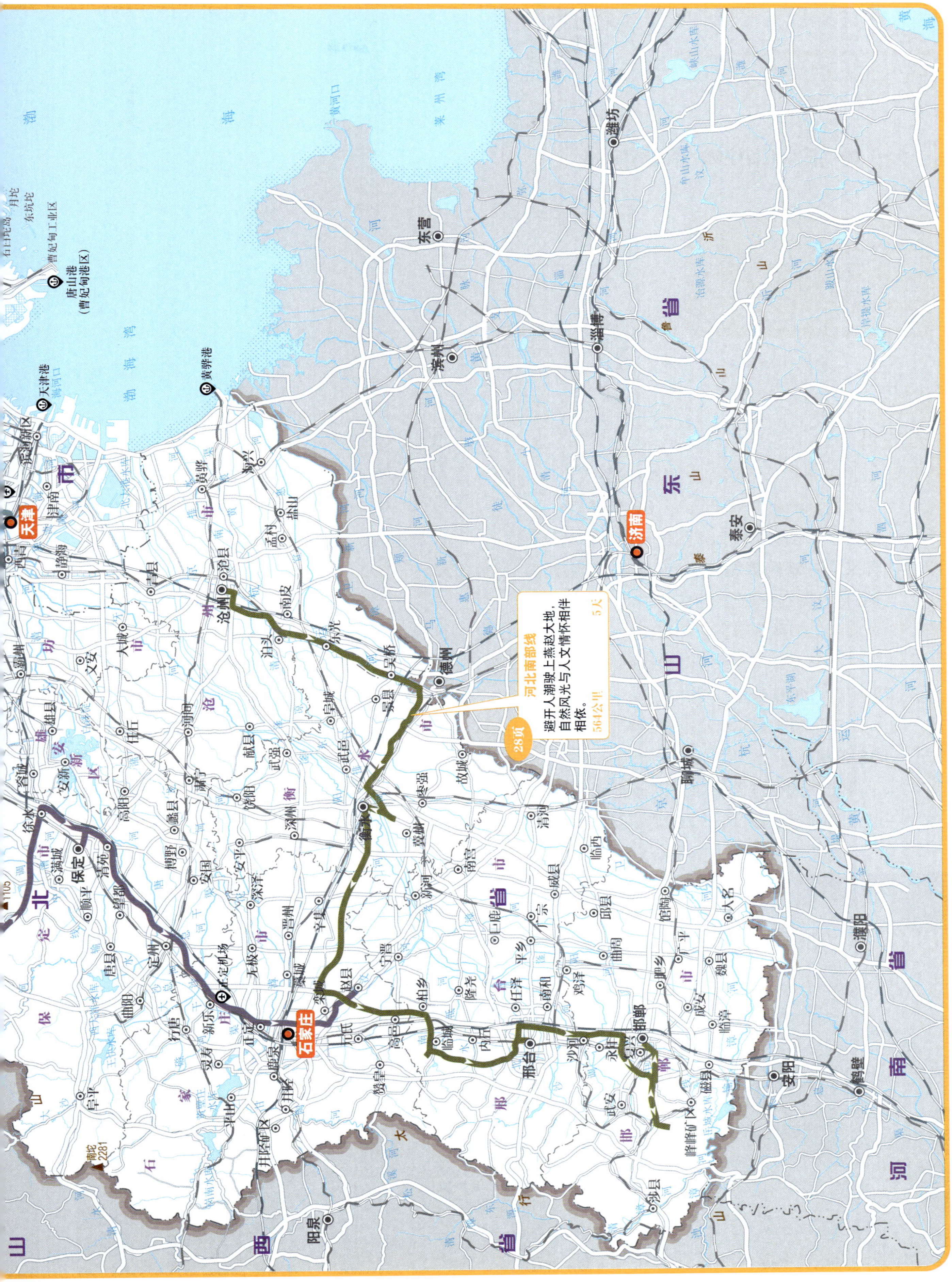
河北南部线
避开人潮驶上燕赵大地，
自然风光与人文情怀相伴
相依。
564公里
5天
28页
天津
石家庄
济南
保定
沧州
衡水
邢台
邯郸
德州
东营
滨州
淄博
潍坊
泰安
聊城
安阳
鹤壁
濮阳
阳泉
唐山港
(曹妃甸港区)
天津港
黄骅港
山
东
省
河
南
省
山
西
省

线路一

草原天路线

北京市 ➡ 张家口市 ➡ 承德市 ➡ 北京市

总公里： 586 公里
天数： 4 天
驾驶难度： ★☆☆☆☆
新能源车友好度： ★★★★☆

行程安排

第 1 天 ①北京市 ➡ ②鸡鸣驿城 **138 公里**

②鸡鸣驿城 ➡ ③张家口市 **62 公里**

从北京市出发，沿京藏高速行驶至张家口市怀来县的**鸡鸣驿城**。游览完毕后，沿京藏高速、胜利南路行驶至张家口市市区夜宿。

第 2 天 ③张家口市 ➡ ④草原天路野狐岭 **44 公里**

④草原天路野狐岭 ➡ ⑤草原天路自然艺术公园景区 **100 公里**

⑤草原天路自然艺术公园景区 ➡ ⑥沽源县 **68 公里**

沿海张高速行驶至草原天路野狐岭，从这里驶上**草原天路**东段，一路游览至草原天路自然艺术公园景区。之后沿首都环线高速、G239 行驶至张家口市沽源县，游览**闪电湖**，夜宿沽源县。

第 3 天 ⑥沽源县 ➡ ⑦千松坝 **53 公里**

⑦千松坝 ➡ ⑧丰宁满族自治县 **68 公里**

沿 S301、半虎线行驶至承德市丰宁满族自治县的**千松坝**。游览完毕后，沿半虎线、平安路行驶至丰宁满族自治县夜宿。

第 4 天 ⑧丰宁满族自治县 ➡ ⑨北京喇叭沟原始森林公园 **53 公里**

沿京加路、喇碾路行驶至**北京喇叭沟原始森林公园**。游览完毕后，结束行程。

▼ 鸡鸣驿城

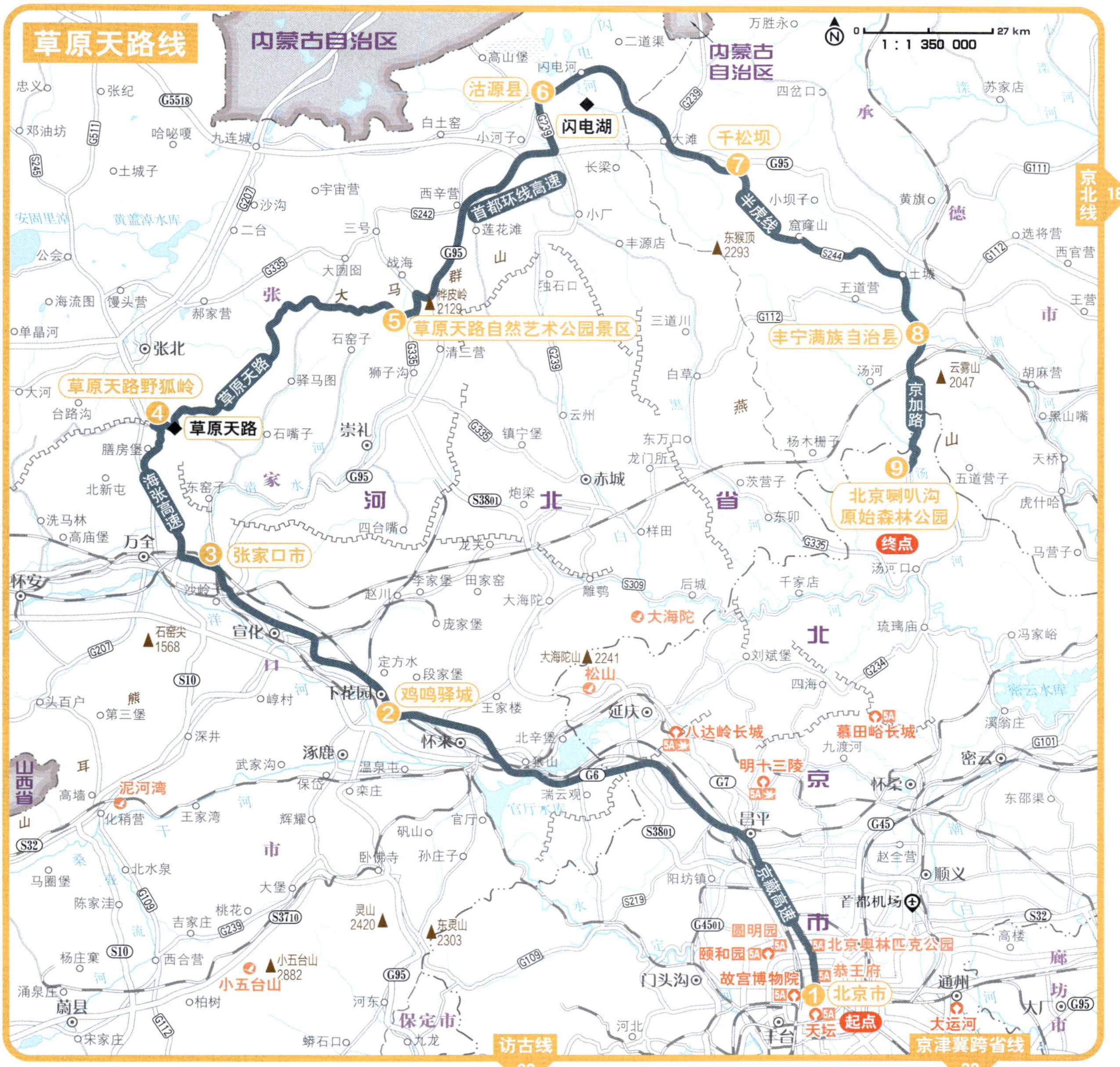

▼ 草原天路

途中亮点

张家口市 0313

◆鸡鸣驿城

见 15 页地图

鸡鸣驿原称鸡鸣山驿，坐落在怀来县鸡鸣山脚下，是历史上京畿地区最重要的驿站之一，号称“极冲”。鸡鸣驿城周长 2330 米，墙高 12 米，占地 22 万平方米，是我国迄今为止发现的保存最完整、建筑规模最大、功能最齐全的邮驿建筑群。邮驿事业的发展，给鸡鸣驿的各项建设都带来了契机，全盛时期，此地商贾云集、庙宇辉煌、公馆宏伟。鸡鸣驿设有东西城门，内有驿丞署、驿馆等古迹，还有泰山庙、文昌庙、城隍庙等七座庙宇。城内的贺家大院据称是慈禧太后和光绪皇帝在逃往西安途中的落脚地。

门票：40 元

营业时间：夏季 8:30—17:30，冬季 9:00—17:00

微信公众号：鸡鸣古驿站

◆草原天路 见 15 页地图

有“中国版 66 号公路”之称的草原天路，总是出现在“中国十大最美公路”这类排行榜上。它位于张家口市张北县和崇礼区的交界处，是连接崇礼滑雪场、赤城温泉和张北草原的一条重要通道。草原天路那深色的柏油路与黄实线本身就是一道美丽的风景，更何况沿线蜿蜒曲折、沟壑纵横，随处可见蓝天白云、牛羊草甸、风车花海，让行者有置身画中之感。每年 6 月至 9 月是最佳旅游时间，沿途观景台有 20 余处，方便欣赏公路两旁最极致的美景。

门票：免费

营业时间：森林防火期以外（一般为 6 月至 10 月）全天开放

微信公众号：草原天路

◆闪电湖 见 15 页地图

沿闪电河东北方向下行 19 公里左右，便到了闪电湖。闪电湖景区由草原、河流与湖泊互相交织而成，一派高原草原风光，平均海拔 1500 米，总占地面积 800 余公顷。闪电湖最好的观景点在湖边大坝上，这里有怪石砌成的碑，一面写着“滦河源”，一面写着“闪电河水库”，说明这里是闪电河与闪电湖的分界线。美丽、温柔的闪电河通过水库的调节，在大草原上千回百转，蜿蜒而缓慢地向北流去。湖东景区除了常见的骑马和沙滩车，还有不少大型游乐设施。

门票：30 元

营业时间：8:00—19:00

承德市 0314

◆千松坝 见 15 页地图

千松坝国家森林公园位于内蒙古高原与燕山山脉的交会处，平均海拔 1680 米，面积 100 平方公里，夏季平均气温仅 17.4℃，负氧离子含量高达每立方厘米 3 万个，说是“天然大氧吧”当之无愧。园内分布着超过 133 公顷的稀有沙地云杉林，公园因此而得名。千松坝有以下几处必看之地：天地 T 台——日出最佳观赏点，东山顶、十八花海走廊——日落最佳观赏点，以及云杉幽谷——华北地区最大的原始云杉树林。林间有小路、小溪穿梭，树干上长满青苔，树根盘绕着从土里钻出，有种日本电影《小森林》的氛围，治愈感满满。

▼ 闪电湖

▲ 千松坝

▼ 北京喇叭沟原始森林公园

门票： 120 元

营业时间： 6 月 15 日至 10 月 7 日 8:00—18:00

北京市　010

◆北京喇叭沟原始森林公园

见 15 页地图

北京喇叭沟原始森林公园位于北京市怀柔区喇叭沟门满族乡，这是北京最北端的一个乡，距离北京市中心约 150 公里。作为京郊难得的原始森林景区，森林公园里有原始次生林 7 万亩，海拔 1700 多米的南猴岭是怀柔区的最高峰。整个景区由南猴岭、百丈崖、冰川三个主要观赏区组成，森林面积就占了总面积的 90% 以上。南猴岭遍布白桦林，秋天最美。冰川观赏区有大量杜鹃花，夏季花朵随风摇曳，美不胜收。百丈崖则是北京仅存的以大面积原始橡树林为特色的景区，开发时间虽不如前两者早，但胜在清静自在，别有一番风味。

门票： 40 元

营业时间： 7:30—17:30，冬季防火期闭园

微信公众号： 北京喇叭沟原始森林公园

食宿推荐

当地美食

北京市　北京烤鸭、炙子烤肉、涮羊肉、驴打滚、豆汁

张家口市　烤全羊、手扒羊肉、地皮菜

承德市　荞面饸饹、碗坨、御土荷叶鸡、南沙饼

热门住宿地

张家口市　崇礼区、翠云山国际旅游度假区、宣化区

沽源县　闪电湖

丰宁满族自治县　丰宁坝上草原、千松坝

线路二

京北线

北京市 ➡ 承德市 ➡ 赤峰市 ➡ 通辽市

总公里： 1272 公里
天数： 7 天
驾驶难度： ★★★☆☆
新能源车友好度： ★★☆☆☆

行程安排

第 1 天 ①北京市 ➡ ②承德市　226 公里

从北京市出发，沿京承高速、大广高速行驶至承德市，游览双桥区的**承德避暑山庄**。游览完毕后，夜宿承德市。

第 2 天 ②承德市 ➡ ③木兰围场　192 公里

沿大广高速、承围高速行驶至承德市围场满族蒙古族自治县的**木兰围场**。游览完毕后，在景区附近住宿。

第 3 天 ③木兰围场 ➡ ④克什克腾旗　162 公里

沿经乌线、经山线行驶至赤峰市克什克腾旗并夜宿。

第 4 天 ④克什克腾旗 ➡ ⑤达里诺尔湖南岸景区　87 公里

沿集锡线、达达线行驶至**达里诺尔湖南岸景区**。游览完毕后，在景区夜宿。

第 5 天 ⑤达里诺尔湖南岸景区 ➡ ⑥巴林左旗　278 公里

沿集锡线、G303 行驶至赤峰市巴林左旗，在此休整夜宿。

第 6 天 ⑥巴林左旗 ➡ ⑦通辽市　277 公里

游览**辽上京遗址**，然后沿集锡线行驶至通辽市并夜宿。

第 7 天 ⑦通辽市 ➡ ⑧孝庄园文化旅游区　50 公里

沿北绕城线、新鲁高速行驶至通辽市科尔沁左翼中旗的**孝庄园文化旅游区**。游览完毕后，结束行程。

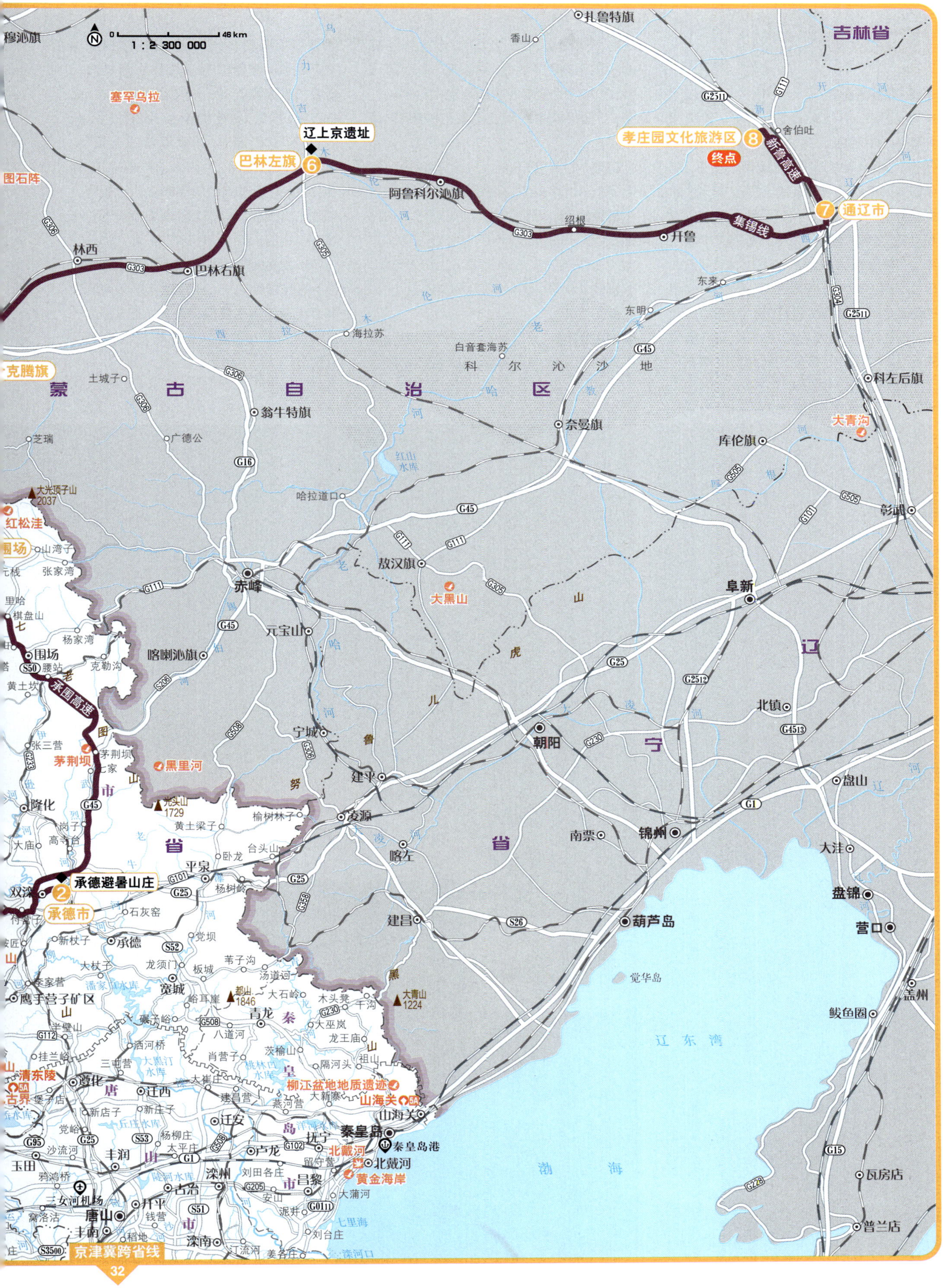
1 : 2 300 000
48 km
吉林省
扎鲁特旗
香山
穆沁旗
塞罕乌拉
辽上京遗址
巴林左旗
6
孝庄园文化旅游区
8
终点
舍伯吐
新鲁高速
阿鲁科尔沁旗
图石阵
绍根
集锡线
开鲁
7
通辽市
林西
巴林右旗
东来
东明
海拉苏
白音套海苏
科 尔 沁 沙 地
克腾旗
土城子
蒙 古 自 治 区
翁牛特旗
奈曼旗
科左后旗
大青沟
库伦旗
芝瑞
广德公
大光顶子山
2037
红松洼
哈拉道口
彰武
敖汉旗
赤峰
大黑山
阜新
元宝山
围场
喀喇沁旗
辽
承围高速
北镇
宁城
朝阳
宁
茅荆坝
黑里河
建平
盘山
隆化
凌源
南票
锦州
平泉
大洼
承德避暑山庄
2
承德市
省
喀左
盘锦
建昌
葫芦岛
营口
宽城
觉华岛
盖州
鹰手营子矿区
青龙
鲅鱼圈
辽 东 湾
柳江盆地地质遗迹
山海关
清东陵
秦皇岛
秦皇岛港
北戴河
黄金海岸
渤 海
瓦房店
唐山
滦南
普兰店
京津冀跨省线
32
北京市 天津市 河北省

途中亮点

承德市 0314

◆承德避暑山庄 见 19 页地图

承德避暑山庄与拙政园、留园、颐和园并称为“中国四大名园”，始建于清康熙四十二年（1703 年），经康熙、雍正、乾隆三朝，于乾隆五十七年（1792 年）才建成。承德避暑山庄为清代帝王夏日避暑和处理政务的场所，也是清初第二个政治中心，总面积达 560 余万平方米，分宫殿区、苑景区两部分，周围环绕长 10 公里的石砌宫墙。宫殿区分正宫、东宫、松鹤斋、万壑松风四组建筑，正宫的澹泊敬诚殿全为楠木结构，各种大典均在此举行；东宫原有建筑已无存，1979 年建卷阿胜境殿。苑景区分湖区、平原区、山岳区三组，苑内有楼台馆阁亭榭寺观 100 多处，七十二景散布其中，综合中国南北建筑艺术风格。

门票: 4 月 1 日至 10 月 31 日 130 元，11 月 1 日至次年 3 月 31 日 90 元

营业时间: 4 月 1 日至 4 月 30 日 7:30—17:30，5 月 1 日至 10 月 9 日 7:00—18:00，10 月 10 日至次年 3 月 31 日 8:00—17:30

微信公众号: 避暑山庄及周围寺庙

◆木兰围场 见 19 页地图

木兰围场主要由塞罕坝国家森林公园、御道口草原森林风景区、红松洼自然保护区组成。塞罕坝国家森林公园是清代著名的皇家猎苑之一。这里水草丰沛、森林茂密，被誉为“水的源头，云的故乡，花的世界，林的海洋，珍禽异兽的天堂”。景区内有七星湖、太阳湖、泰丰湖、白桦林、月亮湖等较大的景点和多个小景点。御道口草原森林风景区紧邻塞罕坝，有草场、湖泊、亭台，还可在草原上骑马。值得一提的是，这里还是电视剧《还珠格格》的外景地之一。红松洼自然保护区以亚高山草甸为主要保护对象，还建有由一排排巨大风力发电机组成的发电厂，场面壮观。

▼ 小布达拉宫，属于承德避暑山庄景区

门票：免费

营业时间：8:00—17:30

微信公众号：木兰围场风景名胜区

▲ 木兰围场

赤峰市 0476

◆达里诺尔湖南岸景区 见 18 页地图

达里诺尔湖是贡格尔草原西南部的天然湖泊，"达里"在蒙古语中意为"海"，"诺尔"则是"湖"的意思。景区南岸主要由曼陀山和碧海银滩构成，可乘景区环保车登高眺望湖景，或在沿湖木栈道上漫步；北岸则是观鸟胜地，每年的 4 月中旬至 5 月中旬、10 月中旬至 11 月，可在观鸟长廊欣赏在此栖居的天鹅、白鹳等候鸟。湖内特产华子鱼肉质鲜美。此外，有远古岩画的砧子山和达里诺尔自然博物馆位于北岸草原上，元代最后一个都城鲁王城的遗址位于湖西岸，可一同观赏。

门票：120 元

营业时间：7:30—18:00

微信公众号：达里湖

◆辽上京遗址 见 19 页地图

辽代有五京：上京、东京、中京、南京、西京，其中兴建最早的一个就是上京，它建于神册三年（918 年），天赞五年（926 年）扩建后正式成为辽代的一座京城。此后该城池曾作为金代的北京，并于此后被多次降格。金贞祐二年（1214 年），该城被蒙古军队攻占并遭到全毁。1912 年，该城池被重新发现并得到确认。现遗址分南、北两城，南为汉城，北为皇城。皇城规模较大，略呈方形，中有宫殿遗址；汉城与其南壁相接，呈长方形，规模较小。辽上京遗址不远处还有辽上京博物馆，可一同参观。

门票：免费

营业时间：全天开放

微信公众号：辽上京国家考古遗址公园

通辽市 0475

◆孝庄园文化旅游区 见 19 页地图

孝庄园建在达尔罕亲王府的旧址之上，据考证这里就是达尔罕亲王的妹妹、后来的孝庄文皇后的出生地。孝庄文皇后是清朝入关后的政权奠基人之一，先后拥立和辅佐了顺治、康熙两任皇帝。2012 年，以复建后的达尔罕亲王府为核心的孝庄园建成开放，分中轴线和东、西辅线三路，包括孝庄故居达尔罕亲王府、唐格尔庙、孝庄博物馆、嘎达梅林纪念馆、科尔沁蒙古大营、满蒙盟誓遗址纪念碑、白龙湖等景点，较为全面地展示了科尔沁的历史文化和民俗文化。

门票：47.5 元

营业时间：8:30—17:30

微信公众号：通辽孝庄旅游景区管理有限公司

食宿推荐

当地美食

北京市 北京烤鸭、炙子烤肉、涮羊肉、驴打滚、豆汁

承德市 荞面饸饹、碗坨、御土荷叶鸡、南沙饼

赤峰市 拔丝奶豆腐、烤羊腿、炒米奶嚼口、对夹、敖汉拨面

通辽市 通辽牛肉、科尔沁蒙古馅饼、炒米

热门住宿地

承德市 承德避暑山庄、丰宁坝上草原、承德南站

克什克腾旗 乌兰布统旅游区、热水塘镇

巴林左旗 林东汽车站、林东站

通辽市 通辽火车站、万达广场、科尔沁区

线路三

访古线

北京市 ➡ 张家口市 ➡ 保定市 ➡ 石家庄市

总公里：660 公里
天数：6 天
驾驶难度：★☆☆☆☆
新能源车友好度：★★★★☆

▲ 故宫博物院

行程安排

第 1 天 ①北京市

在北京市选择性游览东城区的**故宫博物院**、**天坛**及海淀区的**圆明园**等景点，夜宿北京市。

第 2 天 ①北京市 ➡ ②卢沟桥　20 公里

②卢沟桥 ➡ ③蔚县　249 公里

沿京港澳高速行驶至丰台区的**卢沟桥**游览，之后沿首都环线高速、太行山高速行驶至张家口市蔚县，逛逛**剪纸一条街**，夜宿蔚县。

第 3 天 ③蔚县 ➡ ④涞源县　75 公里

游览蔚县**暖泉古镇**，之后沿张石连接线、张石高速行驶至保定市涞源县，在此夜宿。

第 4 天 ④涞源县 ➡ ⑤保定市　121 公里

游览涞源县**白石山**，之后沿荣乌高速行驶至保定市区。游览莲池区的**直隶总督署**后，夜宿保定市。

第 5 天 ⑤保定市 ➡ ⑥石家庄市　143 公里

沿京港澳高速、新元高速行驶至石家庄市，游览正定县的**隆兴寺**。游览完毕后，夜宿石家庄市。

第 6 天 ⑥石家庄市 ➡ ⑦赵州桥　52 公里

沿复兴大街、青银高速行驶至石家庄市赵县的**赵州桥**。游览完毕后，结束行程。

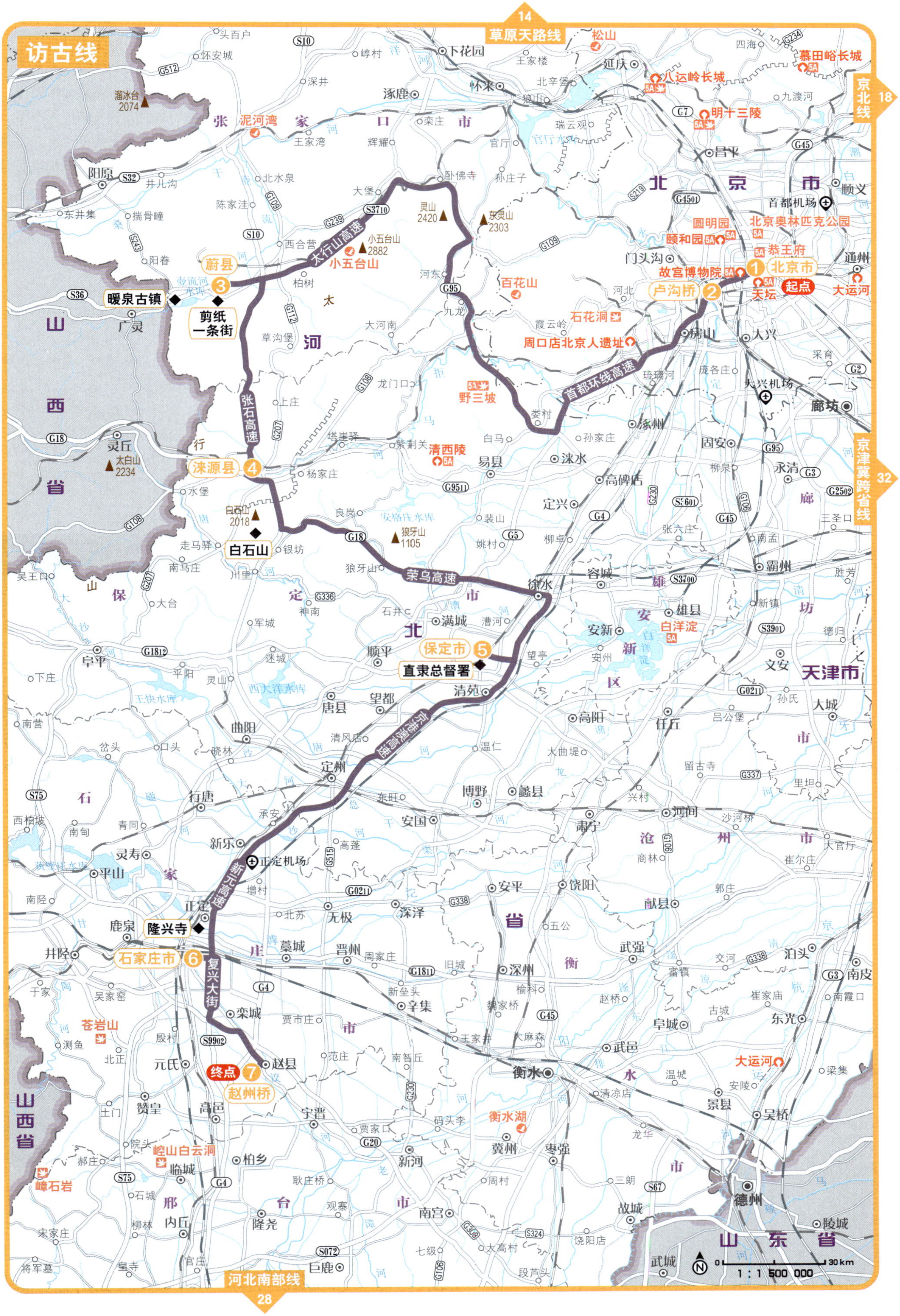

访古线
14
草原天路线
京北线 18
京津冀跨省线 32
河北南部线 28
1 北京市 起点
故宫博物院
天坛
2 卢沟桥
首都环线高速
周口店北京人遗址
野三坡
清西陵
太行山高速
小五台山
3 蔚县
暖泉古镇
剪纸一条街
张石高速
4 涞源县
白石山
荣乌高速
5 保定市
直隶总督署
京港澳高速
新元高速
正定机场
隆兴寺
6 石家庄市
复兴大街
7 赵州桥
终点
赵县
八达岭长城
慕田峪长城
明十三陵
松山
颐和园
圆明园
北京奥林匹克公园
恭王府
大运河
百花山
石花洞
泥河湾
白洋淀
衡水湖
苍岩山
崆山白云洞
嶂石岩
北京市
天津市
山西省
山东省
张家口市
保定市
雄安新区
廊坊市
沧州市
石家庄市
衡水市
邢台市
德州
1:1 500 000
0 30 km

途中亮点

北京市 010

◆故宫博物院 见 25 页地图

北京故宫旧称“紫禁城”，是大多数初到北京的旅行者探访的第一站。故宫博物院 1925 年成立，向全球游客展示明清两朝的帝王宫殿及其所藏无数珍贵的历史文物。作为世界上规模最大、保存最完整的木结构宫殿建筑群，它象征着中国最高规格的建筑形式，是中华民族的骄傲，也是全人类的文化遗产。故宫现有藏品超过 180 万件，不定期还有临展，建议至少预留 4 小时参观——武英殿展出众多明清画家的代表作，珍宝馆的皇家旧藏器物不容错过，慈宁宫花园幽静安谧，文渊阁建筑具有独特的典雅气质……可谓是处处皆精品。游览故宫须网上预约，由于每日门票有限，请务必提前购票。

门票：4 月 1 日至 10 月 31 日 60 元，11 月 1 日至次年 3 月 31 日 40 元；珍宝馆 / 钟表馆 10 元

营业时间：4 月 1 日至 10 月 31 日 8:30—17:00，11 月 1 日至次年 3 月 31 日 8:30—16:30；除法定节假日外周一休息

微信公众号：故宫博物院

◆天坛 见 25 页地图

天坛始建于明永乐十八年（1420 年），主体建筑有圜丘、皇穹宇和祈年殿。圜丘是冬至日“大祀”祭天之处，为三层汉白玉石坛。圜丘以北为皇穹宇，其围墙即为回音壁。祈年殿是正月第一个辛日“祀皇天上帝”“为民祈谷”之处，为三重檐的圆形大殿，蓝色琉璃瓦顶，高 38 米，坐落在三层汉白玉石坛“祈谷坛”上。圜丘和祈年殿以宽 30 米、高于地面约 4 米的砖砌大道丹陛桥相连，大道两旁植松柏树，气氛庄严肃穆。此外，在主体建筑西侧，有供皇帝祭祀前夕斋宿之用的斋宫，西侧两重坛墙之间有准备祭典用乐舞和祭品的神乐署和牺牲所。

门票：4 月 1 日至 10 月 31 日 15 元，联票（含祈年殿 + 回音壁 + 圜丘）34 元；11 月 1 日至 3 月 31 日 10 元，联票 28 元；祈年殿 + 回音壁 + 圜丘 20 元

营业时间：4 月 1 日至 10 月 31 日 6:00—22:00，11 月 1 日至次年 3 月 31 日 6:30—22:00；祈年殿、回音壁、圜丘、斋宫、北神厨、北宰牲亭、神乐署 4 月 1 日至 10 月 31 日 8:00—18:00，11 月 1 日至次年 3 月 31 日 8:00—17:00，且除法定节假日外周一休息

微信公众号：天坛

▼ 天坛

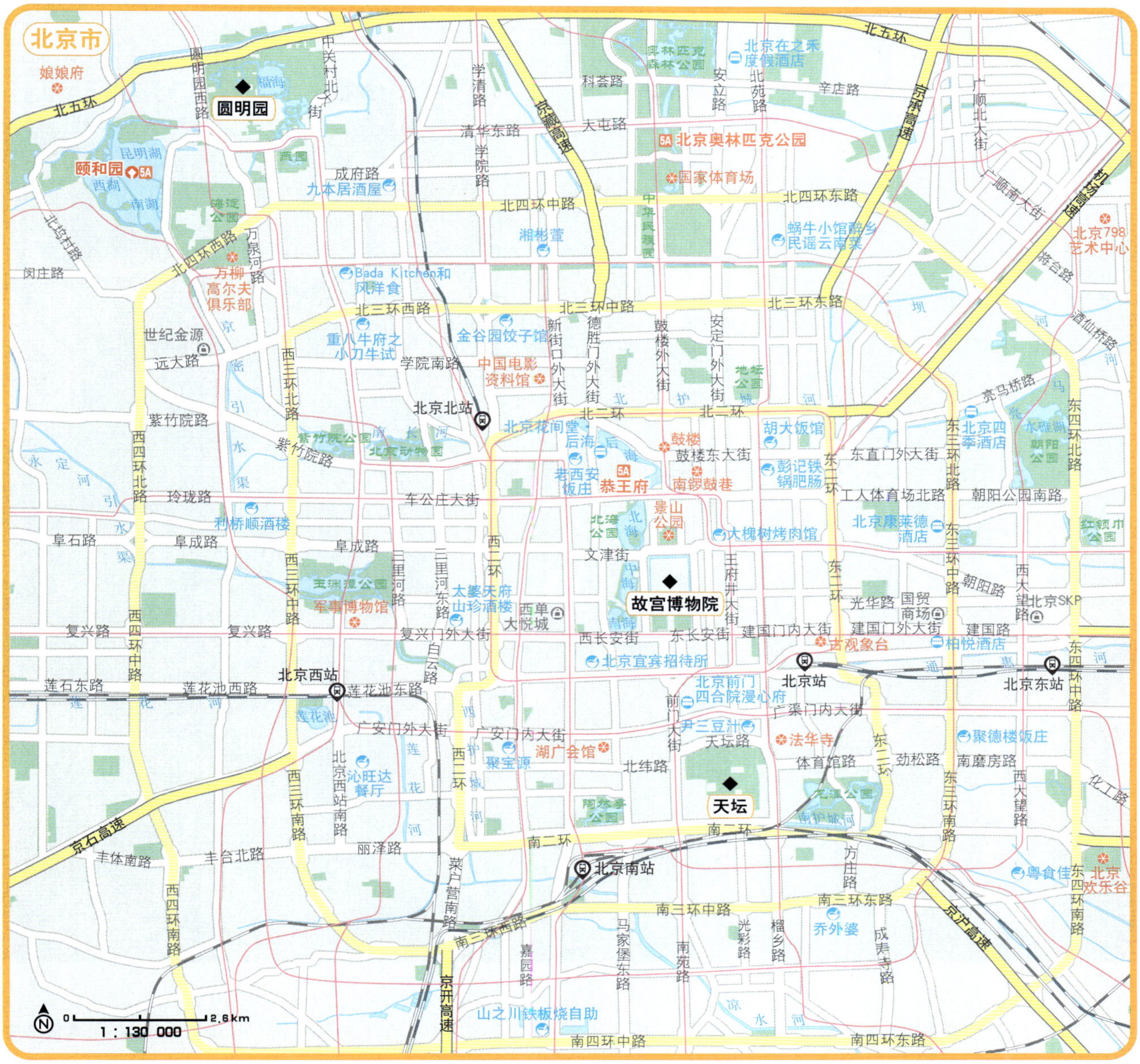

◆圆明园

见 25 页地图

圆明园实际是环绕福海的圆明、长春、绮春三园的总称，它周长超过 10 公里，面积约是故宫的 5 倍大。圆明园始建于清康熙四十八年（1709 年），园内凿湖堆山，种植奇花异木，有独成格局的景群 40 处、建筑物 140 余处，并利用长廊、墙垣、桥梁与自然景物相联系，艺术价值极高，被誉为“万园之园”。其中除传统园林建筑外，长春园中还有海晏堂、远瀛观等西洋风格的建筑群。清咸丰十年（1860 年），英法联军劫掠园中珍物，并纵火焚毁。1983 年北京市政府集资修理，万春园、福海、万花阵（欧式迷宫）等次第恢复，定名“圆明园遗址公园”。

门票：10 元，西洋楼遗址 15 元，盛时全景模型展 10 元，通票 25 元

营业时间：4 月 1 日至 10 月 31 日 6:00—21:00，西洋楼遗址 7:00—21:00，盛时全景模型展 7:00—19:00；11 月 1 日至次年 3 月 31 日 6:30—19:30，西洋楼遗址 7:00—19:30，盛时全景模型展 7:00—17:30

微信公众号：圆明园遗址公园

◆卢沟桥

见 23 页地图

卢沟桥亦称“芦沟桥”，因横跨永定河（旧时称“卢沟河”“芦沟河”）而得名。在中国人民心中，它有着特殊的意义。卢沟桥始建于金大定二十九年（1189 年），后毁于洪水，清康熙三十七年（1698 年）重建，是北京市现存最古老的石造联拱桥。早在 700 多年前，意大利旅行家马可·波罗就是从这里进入北京的，他在《马可·波罗行纪》中称卢沟桥是“世界上最好的，独一无二的桥”。卢沟桥全长 266.5 米，桥面宽约 7.5 米，由 11 孔石拱组成。桥侧建有石栏，上有精刻石狮 485 个（一说 501 个）——数清楚石狮的数量也是每名游客来此的执念。

门票：20 元

营业时间：4 月 1 日至 10 月 31 日 7:30—19:00，11 月 1 日至次年 3 月 31 日 8:00—17:30

微信公众号：卢沟桥文化发展中心

张家口市 0313

◆剪纸一条街

见 23 页地图

蔚县剪纸始于清道光年间，迄今已有约 200 年历史，因主要用于装饰窗户，也被称为“染色窗花”。20 世纪 30 年代，蔚县剪纸代表

▲ 白石山

艺人王老赏将这门技艺推向发展高峰。如今的蔚县南张庄村是剪纸的集中产地，人们在这里建起“剪纸一条街”，游人随时可欣赏到刻制剪纸的全过程。蔚县剪纸以阴刻和色彩点染为主，故有“三分刀工七分染”之说，其独特之处不在“剪”，而在“刻”。最独特的刀工技法被称作“拉胡须”，能刻制出细致入微、根根分明的人物胡须和毛发。

门票： 免费

营业时间： 全天开放

◆暖泉古镇

见 23 页地图

暖泉古镇得名于镇上的一眼泉水，数九寒天仍然水质温热，不见结冰。古镇建于元代，曾是山西商人到北方经商的必经之处。当时的繁华，为这里留下了暖泉书院、华严寺、三堡等古建筑。每周六晚上举行的“打树花”是暖泉古镇的一大特色，也是不少旅行者的必选项目。黑夜中，滚烫的铁水泼洒在冰冷的城墙上，迸发出璀璨至极的火花。据说，这是从前放不起烟火的老百姓想出的替代方法，后来声势愈发浩大，热闹程度竟然盖过了传统的烟火。

门票： 免费

营业时间： 全天开放

微信公众号： 暖泉古镇

保定市 0312

◆白石山

见 23 页地图

白石山绵亘在巍巍太行山的北端，被称为“太行之首”，其主峰海拔超过 2000 米，因山顶的白色大理岩而得名。这里有自金山而起、从石城沟而出的白石口长城，在白石山北麓的峰峦蜿蜒。白石山西麓有十瀑峡，这是一座花岗岩峡谷，有大小瀑布十几道，其源头是海拔 1300 米的龙虎泉。景区内有号称中国“天空之路”的玻璃栈道，山顶有建在悬崖边的咖啡馆，还有两个大平台延伸到悬崖之外，面对山谷中的云雾慢悠悠地喝杯咖啡也是不可错过的体验。

门票： 135 元

营业时间： 8:00—20:00

微信公众号： 白石山风景区

◆直隶总督署

见 23 页地图

直隶总督署是河北省乃至全国规模宏大、保存较为完整的古代衙署建筑。自清雍正八年（1730 年）至清朝灭亡，直隶总督一直在此驻扎，有“一座总督衙署，半部清史写照”之称。民国时期，这里是直系军阀曹锟的大本营。中华人民共和国成立后，河北省人民政府、保定市委也曾驻此。总督署南北长 220 米，东西宽 130 米，原分为中、东、西三路，现存主体建筑在中路，有总督迎送宾客的仪门、举行重大活动的大堂、对为官者起到警诫作用的“公生明”牌坊等；东路建筑尚有遗存，西路建筑则多被改建。

▲ 暖泉古镇

门票: 30 元
营业时间: 4 月 15 日至 10 月 15 日 8:00—18:00，10 月 16 日至次年 4 月 14 日 8:00—17:30
微信公众号: 保定直隶总督署

石家庄市 0311

◆隆兴寺 见 23 页地图

隆兴寺又称“正定大佛寺”，为全国首批重点文物保护单位。它始建于隋开皇六年（586 年），初名“龙藏寺”，清康熙年间赐额“隆兴寺”，并沿用至今。隆兴寺有“六最”：中国现存古代建筑极品摩尼殿、中国孤例五彩悬塑自在观音像、中国古代最精美的铜铸毗卢佛、中国现存最早的楷书碑刻、中国最古老和最大的转轮藏，以及世界上古代铜铸佛像中最高大、最古老的观音像——观音像高 24 米，铸于北宋开宝四年（971 年）。每逢春节，寺内会举办热闹的庙会，“五一”、国庆期间还会有大型文化表演。
门票: 50 元
营业时间: 8:30—17:30
微信公众号: 正定县隆兴寺景区

◆赵州桥 见 23 页地图

赵州桥亦名“安济桥”，俗称“大石桥”，坐落于赵县南部的洨河之上，由李春设计，建于隋开皇十五年（595 年）至大业元年（605 年），是当今世界上现存最古老、跨度最大的单孔坦弧敞肩石拱桥。赵州桥全长 64.4 米，桥面宽约 10 米；拱券由 28 条并列的石券组成，上设四个小拱，既减轻重量、节省材料，又利于排洪。赵州桥在 1400 余年间虽然遭受多次洪水和地震，至今仍无大的变动，在中国造桥史上占有重要地位，亦对全世界桥梁建筑有着深远影响。
门票: 40 元
营业时间: 8:30—17:00

食宿推荐

当地美食

北京市 北京烤鸭、炙子烤肉、涮羊肉、驴打滚、豆汁
张家口市 牛奶葡萄、烤全羊、熏肉
保定市 驴肉火烧、定州焖子、手掰肠、骨渣丸子
石家庄市 崩肝、七汲全羊宴、炒饼、缸炉烧饼

热门住宿地

北京市 王府井、三里屯、国贸、西单、北京西站、北京南站
蔚县 暖泉古镇、蔚州古城
涞源县 白石山、城区
保定市 莲池区、保定东站、保定站、万博广场、保百购物广场
石家庄市 新百广场、石家庄站、北国商城

线路四

河北南部线

沧州市 ➡ 衡水市 ➡ 邢台市 ➡ 邯郸市

总公里： 564 公里
天数： 5 天
驾驶难度： ★☆☆☆☆
新能源车友好度： ★★★★☆

行程安排

第 1 天 ①沧州市 ➡ ②吴桥县 **96 公里**

在沧州市，游览沧县的**沧州铁狮与旧城遗址公园**，之后沿黄石高速、京台高速行驶至吴桥县，参观**吴桥杂技大世界**。夜宿吴桥县。

第 2 天 ②吴桥县 ➡ ③衡水湖 **85 公里**

③衡水湖 ➡ ④衡水市 **14 公里**

沿京澳线、衡德高速行驶至衡水市的**衡水湖**。游览完毕后，沿东湖大道前往衡水市夜宿。

第 3 天 ④衡水市 ➡ ⑤崆山白云洞 **165 公里**

⑤崆山白云洞 ➡ ⑥邢台市 **52 公里**

沿石衡高速、京港澳高速行驶至邢台市临城县的**崆山白云洞**。游览完毕后，沿石邢公路、S321 行驶至邢台市区。可游览襄都区的**开元寺**等景点，夜宿邢台市。

第 4 天 ⑥邢台市 ➡ ⑦响堂山 **104 公里**

⑦响堂山 ➡ ⑧邯郸市 **48 公里**

沿京港澳高速、邯郸绕城高速行驶至邯郸市峰峰矿区的**响堂山**。游览完毕后，沿青兰高速、南环路行驶至邯郸市区并夜宿。

第 5 天 ⑧邯郸市

在邯郸市休闲游，可游览丛台区的**学步桥**等景点。游览完毕后，结束行程。

途中亮点

沧州市 0317

◆沧州铁狮与旧城遗址公园 见 29 页地图

沧州铁狮与旧城遗址公园分为四大功能区：文化展示区、考古勘探区、古城印象区和游客接待区，其中文化展示区为核心景区，它又细分为铁狮文化园、铁狮与旧城文化展览馆、民间文化馆和铁钱库。我国现存最古老、最大的铁铸艺术品，便是位于铁狮文化园的沧州铁狮子。这座铁狮子铸于五代后周广顺三年（953 年），高 5.48 米、长 6.1 米、宽 3.15 米，重约 40 吨。它背托文殊菩萨的莲座，昂首瞋目，巨吻大张，头顶和脖子下铸有“狮子王”字样，姿态甚为雄伟。

门票： 20 元

营业时间： 3 月 16 日至 11 月 14 日 8:30—17:30，11 月 15 日至次年 3 月 15 日 8:30—17:00

微信公众号： 沧州旧城铁狮子保护管理中心

◆吴桥杂技大世界 见 29 页地图

中国的杂技在春秋战国时期已有萌芽，至汉代初步形成，而在世界上一提起“杂技之乡”，人们自然会想起沧州市吴桥县。可以说吴桥因杂技而名，杂技因吴桥而生。吴桥杂技大世界便是吴桥杂技的中心展示区。大世界建于 1993 年，占地 36 万平方米。在这里你能充分领略吴桥杂技艺人的奇招绝活，漫步城中还能尽情欣赏各具特色的马戏、戏法等演艺项目，杂技奇观宫展示了数千年的杂技发展史。景区内还有魔术迷幻宫，向游人展示魔术的神奇玄妙，以及红

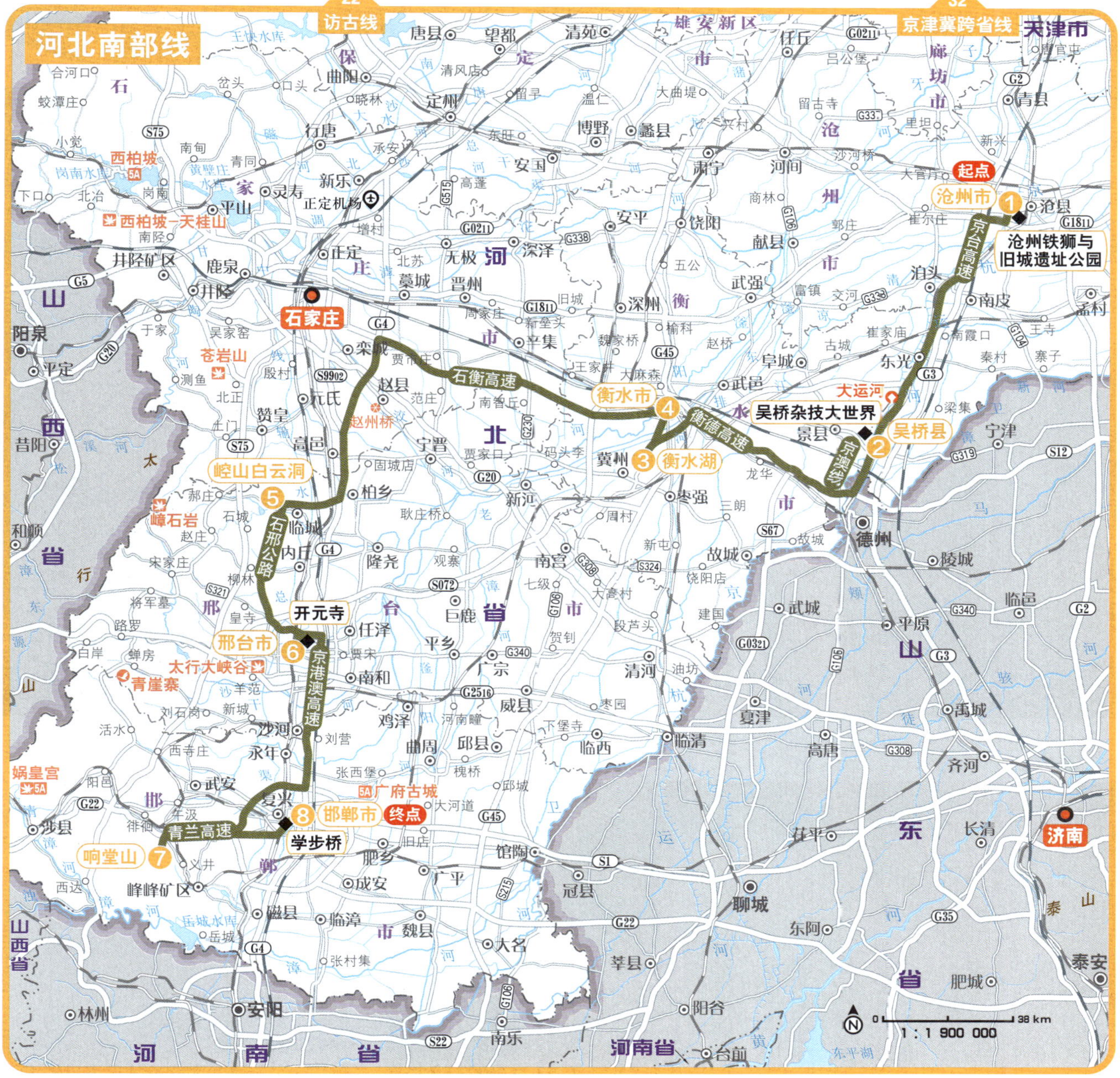

▼ 沧州铁狮与旧城遗址公园

牡丹大舞台和马戏游乐场等设施。

门票： 120 元

营业时间： 春冬季 8:30—12:00、13:00—17:00，夏秋季 8:30—12:00、13:30—17:30

微信公众号： 吴桥杂技大世界

衡水市 0318

◆衡水湖

见 29 页地图

衡水湖国家级自然保护区位于衡水市，是华北平原一处保存了完整湿地生态系统的自然保护区，内部生物种类繁多，包括许多国家一级和二级保护鸟类（如丹顶鹤、白鹤、黑鹳、大天鹅、小天鹅等）。在景区游览需要租船，乘船游湖也是衡水湖景区的重点游览项目，乘船的途中还可顺道游览鸟岛、

▼ 崆山白云洞

梅花岛、湖心岛、芦苇荡和荷花淀等景点。景区附近有闾里古镇，这是一处人造古镇景点，可一并参观。

门票： 免费开放，船票 100 元

营业时间： 8:00—18:30

微信公众号： 衡水湖旅游景区

邢台市 0319

◆崆山白云洞

见 29 页地图

崆山白云洞是我国北方地区罕见的大型天然喀斯特岩溶洞穴，现已初步探明并开发了五个洞，分别被命名为“人间”“天堂”“地府”“龙宫”“迷宫”，主要景点有 200 多处，包括形态各异的钟乳石、石笋、石幔等。洞内四季恒温，适合消夏避暑。天台山景区在白云洞西北 8 公里处，可一并游览。景区包括大平台、五谷仓、石柱峰、天眼山、九尖山等山峰，主要景点有云海亭、半壁殿、慈云庵、仙岩庵、桃源洞等。远远望去，天台山就像一尊头朝东、脚朝西的巨型睡佛。目前这里和白云洞绑定销售门票，有免费大巴车可乘坐。

门票： 3 月 15 日至 11 月 15 日 120 元，11 月 16 日至次年 3 月 14 日 100 元

营业时间： 8:00—17:30

微信公众号： 崆山白云洞

▲ 开元寺

◆开元寺

见 29 页地图

开元寺又名“大开元寺”“东大寺”，始建于唐开元年间，并由此得名。开元寺是中国保存较为完整的唐代名刹，现存主要殿阁四座，分别为天王殿、毗卢殿、观音殿和大雄宝殿。观音殿前的四根滚龙石柱雕刻于明正德十三年（1518 年），每根高 4.5 米，柱围 2.5 米，柱上游龙蜿蜒盘旋，突出柱外达 35 厘米，其工艺之精巧，仅曲阜孔庙的雕龙石柱可以与之匹敌。

门票： 免费

营业时间： 8:30—16:00

邯郸市 0310

◆响堂山

见 29 页地图

响堂山又称鼓山，西与太行山脉相连，东邻冀南平原，其南有漳河蜿蜒流过，其北有洺水逶迤，自古是风景游览胜地，滏阳河正是发源于山中。响堂山最著名的是响堂山石窟，包括南响堂石窟、北响堂石窟和小响堂石窟（水浴寺石窟）三部分，并都有附属建筑群，始凿于北齐，隋、唐、宋、明历代又有续凿。据考证，响堂山石窟现有 30 多座，摩崖造像 450 余龛，大小造像 5000 余尊，还有大量刻经题词等。这些石窟依山而建，窟山一体，塔像相依，别具特色，是研究佛教、建筑、雕刻、艺术、书法的宝库。

门票： 60 元

营业时间： 8:00—17:30

微信公众号： 响堂山旅游

◆学步桥

见 29 页地图

以成语命名的学步桥位于邯郸市区北关街，原为木结构，明代万历年间改建为七孔石桥。桥身长 32 米、宽 9 米、高 8 米，两旁的栏板和望柱上雕刻有历史故事和狮、猴等动物的精美图案，桥孔中心处还雕有向下俯视的龙头。学步桥旁边有一座《邯郸学步》石雕，有不少人会摆着学步者的姿势与它合影。

门票： 免费

营业时间： 全天开放

食宿推荐

当地美食

沧州市 羊肠汤、驴肉火烧、熏鱼

衡水市 郭主旋饼、金丝杂面

邢台市 武氏烧饼、清河八大碗

邯郸市 锅盔夹肉、二毛烧鸡、马头酥鱼

热门住宿地

吴桥县 吴桥站、吴桥汽车站

衡水市 桃城区、衡水站、衡水湖、马拉松广场

邢台市 天一广场、云梦山、开元寺公园

邯郸市 邯郸东站、邯郸站、丛台区

▼ 响堂山

线路五

京津冀跨省线

北京市 ➡ 廊坊市 ➡ 天津市 ➡ 唐山市 ➡ 秦皇岛市

总公里：647 公里
天数：7 天
驾驶难度：★☆☆☆☆
新能源车友好度：★★★★☆

行程安排

第 1 天 ①北京市 ➡ ②香河县　63 公里

②香河县 ➡ ③天津市　93 公里

从北京市出发，沿京哈高速、五一路行驶至廊坊市香河县，中午找一家餐厅品尝特产香河肉饼。然后沿武香线、京津公路行驶至天津市区，游览和平区的**五大道**。夜宿天津市。

第 2 天 ③天津市 ➡ ④蓟州区　125 公里

在天津市区，选择性游览南开区的**古文化街**、河北区的**意大利风情区**、和平区的**瓷房子**、红桥区的**天津之眼**等景点，然后沿昆仑路、津蓟高速行驶至天津市蓟州区，在此夜宿。

第 3 天 ④蓟州区 ➡ ⑤盘山　17 公里

沿燕山西大街、砖蓟路行驶至**盘山**，建议在这里游玩一天，结束后住在景区附近。

第 4 天 ⑤盘山 ➡ ⑥清东陵　45 公里

⑥清东陵 ➡ ⑦唐山市　93 公里

沿燕山西大街、喜邦线行驶至**清东陵**。游览完毕后，沿京秦高速、长深高速行驶至唐山市区，参观路南区的**河北理工大学地震遗址**。夜宿唐山市。

第 5 天 ⑦唐山市 ➡ ⑧李大钊故居　98 公里

⑧李大钊故居 ➡ ⑨黄金海岸　50 公里

沿唐港高速、青乐线行驶至唐山市乐亭县的**李大钊故居**，参观结束后沿丹东线行驶至秦皇岛市昌黎县的**黄金海岸**。这里游玩项目众多，可在此住宿，也可选择北边不远处的南戴河或北戴河住宿。

第 6 天 ⑨黄金海岸 ➡ ⑩秦皇求仙入海处　44 公里

⑩秦皇求仙入海处 ➡ ⑪山海关区　19 公里

一路沿滨海新大道、滨海大道北行，选择性游览昌黎县的**阿那亚**、抚宁区的**仙螺岛**，北戴河区的**鸽子窝公园**和**秦皇岛野生动物园**，行至海港区的**秦皇求仙入海处**。游览完毕后，沿秦皇东大街、龙海大道行驶至山海关区并夜宿。

第 7 天 ⑪山海关区

游览不远处的“万里长城第一关”**山海关**，结束行程。

▼ 五大道

途中亮点

天津市 022

◆五大道

见 34 页地图

五大道位于天津和平区南部，这片区域现存 300 余幢历史风貌建筑和名人故居，因由南至北依次排列着马场道、睦南道、大理道、常德道、重庆道这五条主要街道而得名。马场道是五大道中修建最早，也是最宽、最长的一条街道，街上建筑多为英式，以天津外国语大学五大道校区为代表。睦南道有名人故居 22 处，是五大道名人故居最多的一条街。大理道环境幽静，大批民族实业家曾在此居住。常德道是天津近代医学的发源地，中国脑外科创始人赵以成就曾在此居住。重庆道有十几个胡同，集中了很多中西合璧建筑，如建于 1922 年的庆王府。

门票： 免费

营业时间： 全天开放

微信公众号： 五大道文化旅游区

◆古文化街 见 34 页地图

作为一条被评为 5A 级景区的商业文化街，古文化街就坐落在天津南开区的海河西岸，并且还被列入了“津门十景”之中，成为每个来津游客的必打卡景点之一。古文化街全长近 700 米，整条街都是仿清建筑，在建立之初便打出了“中国味，天津味，文化味，古味”的口号，因此许多天津的老字号民间手工艺品店都聚集于此，如风筝魏、泥人张、杨柳青年画等，此外经营文房四宝、名人字画、文物古玩的店也不在少数。这些店的门窗上多饰有彩绘图案，内容以历史、神话、人物、花鸟为主，形式有透雕、浮雕、圆雕等，精致美观。

门票：免费

营业时间：全天开放

◆意大利风情区 见 34 页地图

天津被誉为万国博物馆，是保留中国近代史痕迹的核心代表城市，不少外国建筑都在这座城市留下了历史印记。比如位于河北区的意大利风情区，就可以满足你对意大利的大部分想象。风情区原是意大利在中国的租界，留存了 74 幢历史风貌建筑，是意大利本土以外保存最完整的历史街区。它以马可·波罗喷泉广场为中心，沿街的建筑以意大利花园别墅为主，且几乎没有雷同。在这里不仅能找到梁启超、曹锟、袁世凯等人的故居，熟悉《金粉世家》的游客还能找到当年的取景地。现下有许多文艺小店开在风情区内，逛累了就来一杯咖啡解乏，再慢慢欣赏窗外的风景。

门票：免费

营业时间：全天开放

微信公众号：天津意风区

◆瓷房子 见 34 页地图

2000 年，爱国华侨张连志买下天津和平区一座破败不堪的洋楼，经过 8 年改造，用 7 亿件古瓷片、20 吨玛瑙水晶和超过 1.3 万件完整古瓷器打造出一处古瓷盛装。瓷房子处处透露着华美：围墙“平安墙”由 635 个晚清和民国的古瓷瓶垒砌而成，“瓶”与“平”同音，寓意平安；入口处的佛窟墙安置了 28 尊南北朝至明朝的石造佛像和神像；前院里，768 米长的“世界最长古瓷龙”盘于门上，摆出“China”的造型，侧面的排水管上镶嵌了一列清代瓷猫枕；二楼的八角凉亭顶部镶满景德镇青花盘，状若星辰；三楼的红木螺钿家具则是瓷房子里最精致的文物，也是张连志馆长母亲当年的嫁妆；出口处还有一尊北魏释迦牟尼佛首像，表情猜不出悲喜，颇为神秘。

门票：50 元

营业时间：1 月 1 日至 3 月 31 日 9:00—18:30，4 月 1 日至 12 月 31 日 9:00—19:00

微信公众号：瓷房子

◆天津之眼 见 34 页地图

最常听人说的“天津二三事”便是天津之眼的“分手魔咒”了，不知道是从哪儿传出来的段子，经过众人之口后已经被传得十分真实了。直径为 110 米的天津之眼于 2008 年落成，横跨海河两岸，挂装 48 个透明轿厢，是世界上唯一一座上能观光、下能行车的摩天轮，设计得十分有创意。部分恐高或生怕“魔咒”生效的游客可以在桥下近距离欣赏摩天轮，也算是不虚此行。若前去搭乘摩天轮，待其转至最高点时，方圆几十公里内的景色能尽收眼底。

门票：80 元

营业时间：9:30—22:00

微信公众号：天津之眼摩天轮

◆盘山 见 33 页地图

虽然天津以港口而著名，但也有能让乾隆皇帝 32 次亲临的“京东第一山”——盘山。属燕山山脉的盘山并不算高山，主峰挂月峰也只有 864.4 米，人们一般认为这

▲ 天津之眼

▼ 盘山

里的景致才是吸引人的法宝。景区被分成三部分，分别是以松取胜的上盘、以石取胜的中盘和以水取胜的下盘，合称“三盘之胜”。仲夏雨季时，若碰到黄昏后放晴，就会出现似晴非晴、不雨似雨的“三盘暮雨”景象，十分迷人。山中还有天成寺、少林寺、盘谷寺、千像寺、万松寺，以及乾隆行宫静寄山庄等景点。

门票：78 元

营业时间：7:30—17:00

微信公众号：天津盘山风景名胜区

唐山市 0315

◆清东陵

见 33 页地图

清东陵位于遵化市，是我国现存规模最宏大、体系最完整、布局最得体的帝王陵墓建筑群。清东陵共有帝陵五座，即顺治孝陵、康熙景陵、乾隆裕陵、咸丰定陵、同治惠陵，还有孝庄文皇后的昭西陵、慈禧和慈安的定东陵等后陵 15 座，以及妃嫔、王公、公主陪葬墓 130 多座，合计人数 161 人。孝陵居诸陵中心，建筑最为完整；慈禧定东陵最华美；裕陵地宫满布雕刻，技艺精湛。陵区最前方的石牌坊面阔 31.35 米、高 12.48 米，完全由石料构筑而成，巨大而精美，国内已不多见，是陵园的标志之一。

门票：4 月 1 日至 10 月 31 日联票 108 元，裕陵、定东陵 60 元；11 月 1 日至次年 3 月 31 日联票 80 元，裕陵、定东陵 40 元

营业时间：8:30—17:00

微信公众号：世界文化遗产清东陵、清东陵景区

◆河北理工大学地震遗址

见 33 页地图

作为唐山市 1980 年经国务院批准的七处地震遗址之一，河北理工大学原图书馆楼或许是最令人惋惜的。这幢建筑面积 4049 平方米的四层建筑建成于地震当月，尚未投入使用即被震毁。位于其东面 4 公里的发震构造带，将图书馆西侧 3 层的阅览室震塌，东部的书库震裂并向东北方向“剪切移动”了约 1 米。如今，大楼西侧坍塌的废墟已被葱郁的野草和小树掩盖，仅剩几处朝上的水泥板直指天空。走近废墟，抬头即可望见不远处一幢新式教学楼。而仅剩楼板与立柱的书库更像一个大盒子，被墙壁上肆意蜿蜒的爬山虎赋予了新生。

门票：免费

营业时间：具体视学校规定执行

◆李大钊故居

见 33 页地图

李大钊故居修建于 1881 年。1889 年 10 月 29 日，李大钊诞生于此，幼年时期和结婚以后的一段时间他也住在这里。这段岁月奠定了他的文化基础和少年立志报国的思想萌芽，也留下了他传播新文化、点燃革命火种的红色足迹。李大钊故居建筑风格古朴、淡雅，是典型的一宅两院式穿堂套院：主房、配房、院墙高矮匀称，大门、二门、后门错落有致，层次清晰。故居中一把历经百年沧桑的藤椅尤其珍贵，这是李大钊担任北大图书馆主任时亲自买来的。藤椅表面已呈黄褐色，有些藤条已经断裂。就是在这把藤椅上，李大钊潜心研读马克思主义著作，挥笔疾书，成为传播马克思主义的第一人。

门票：免费

营业时间：周二至周日 9:00—16:30，周一闭馆

微信公众号：李大钊纪念馆

秦皇岛市 0335

◆黄金海岸

见 33 页地图

秦皇岛黄金海岸位于渤海岸边，海岸线全长 52.1 公里，为首批五个国家级海洋自然

▼ 清东陵

▼ 李大钊故居

▲ 阿那亚

保护区之一，具有沙细、滩软、水清、潮平的特点，是进行海水浴、阳光浴、沙浴、森林浴、空气浴的理想地点。黄金海岸受风力、潮汐、海流等作用，形成了一条长 30 公里、宽 4 公里的沙带和沿海的数道沙堤，成为滑沙的理想场所。你可以乘缆车直达沙顶，坐在竹木制成的滑沙板上，从数十米高的沙山上呼啸而下，然后来到沙滩上戏水或散步。即使入海达 50 米之远，水深也不过腰部，安全性有保证。

门票： 免费

营业时间： 全天开放

◆阿那亚 见 33 页地图

梵语“阿兰若”指的是“远离人间热闹处的寂静之地”，译成中文就是“阿那亚”。北戴河阿那亚以其前沿的建筑设计、完善的生活配套设施和丰富的社区文艺活动，给都市人群带来了新的短途旅行生活方式。孤独图书馆是代表性建筑，图书馆临海一面是由玻璃砖、玻璃幕墙、玻璃门组成的巨大海岸景观画面，所有人都能无障碍地欣赏海景。阿那亚礼堂同样是热门打卡地，外面的尖屋顶已颇具神秘感，走进会发现内部只有一个十字架，伴随着管风琴的乐音。值得去的艺术场所还有海上美术馆、单向空间书店等，吃饭或购物则可以去海边餐厅、海边市集。

门票： 免费，部分设施单独收费

营业时间： 全天开放

微信公众号： 阿那亚

◆仙螺岛 见 33 页地图

仙螺岛位于南戴河近海 1 公里处，依据民间海螺仙子的美丽传说而建，该岛由全长 1039 米的我国第一条跨海索道连接海岸。游人乘跨海索道，可游览海螺仙子、三道关、海中海、海中喷泉、七星灵石、观海长廊、仙螺阁、临海栈道等景观。登岛后可以体验海上蹦极、海上漂流和海上跳伞的惊险和刺激，还能乘电梯到达 56 米高的观光游乐塔，俯瞰南戴河全景。

门票： 60 元，联票 95 元（含游船）

营业时间： 周一至周四 7:30—18:00，周五至周日 7:00—18:00

微信公众号： 南戴河仙螺岛景区

◆**鸽子窝公园** 见 33 页地图

鸽子窝公园位于北戴河海滨的东北角，是北戴河风景名胜区之一。景区内的鹰角石上过去常有成片鸽子窝建于石缝之中，故得此名。公园的最大亮点，就是站在鹰角石上居高临下观赏日出。除此之外，公园内的临海悬崖、大潮坪、鸳鸯湖、望海长廊等都是不错的观景地，其中大潮坪是鸟类迁徙的必经地，曾出现过万鸟翔集的壮观场面，堪称观鸟胜地。

门票：3 月 1 日至 10 月 31 日 35 元，11 月 1 日至次年 2 月底 5 元

营业时间：1 月 1 日至 6 月 19 日 4:00—17:30，6 月 20 日至 12 月 31 日 4:00—21:00

微信公众号：鸽子窝公园景区

◆**秦皇岛野生动物园** 见 33 页地图

秦皇岛野生动物园位于秦皇岛海滨国家森林公园内，建于 1995 年。园区内森林覆盖率极高，分为笼养区、草食动物区、猛兽区、火烈鸟馆、非洲风情区等。除了养育着狮、虎、象、黑熊、长颈鹿等相对常见的动物，近年来还引进了小熊猫、金丝猴、山魈、环尾狐猴等珍稀物种。游览时可自己驾驶私家车，也可乘坐森林小火车，不过暑期高峰时强烈不建议自驾，因为行车道上大概率会车满为患。

门票：4 月 1 日至 11 月 30 日 90 元，12 月 1 日至次年 3 月 31 日 25 元

营业时间：8 月 4 日至 8 月 20 日周一至周五 7:00—18:00，周六至周日 7:00—19:00；8 月 21 日至次年 8 月 3 日 8:00—18:00

微信公众号：秦皇岛野生动物园

◆**秦皇求仙入海处** 见 33 页地图

秦皇求仙入海处位于北戴河海滨金山嘴，是一处人造景观。秦皇岛古属碣石地域，因秦始皇东巡驻跸于此而得名。据史料记载，始皇三十二年（公元前 215 年），秦始皇东巡至碣石，并在此拜海。他先后派多名方士携童男童女入海求仙，寻求长生不老药。明成化十三年（1477 年），朝廷在此立赑屃石

▲ 山海关

▼ 鸽子窝公园

碑（俗称"王八驮石"），纪念这一事件。石碑后来在"文革"中被毁，目前景区中的石碑是在 1992 年复刻的。除石碑外，景区还有秦皇东巡群雕、阙门、战国风情、求仙殿、仙人祠等景观。

门票： 4 月 16 日至 10 月 31 日 45 元，11 月 1 日至次年 4 月 15 日 10 元

营业时间： 8:00—17:30

微信公众号： 秦皇求仙入海处景区

◆山海关 见 33 页地图

山海关是明长城最东端的关隘，建于明洪武十四年（1381 年）。作为关内和关外的分界线，山海关北依角山，南临渤海，在历史上一直是北京的重要屏障。景区内主要有长寿山、鳄鱼湖、角山长城、老龙头等景点。东门镇东楼即"天下第一关"，该城门高约 13 米，分为上下两层。楼西面上层檐下悬有"天下第一关"匾额，是明代书法家肖显所写，作于明成化八年（1472 年）。在山海关城楼附近，还建有长城博物馆，展出与山海关长城有关的人文历史、军事活动情况和文物等。

门票： 联票 1 月 1 日至 11 月 30 日 120 元，12 月 1 日至 12 月 31 日 60 元

营业时间： 7:00—17:30

微信公众号： 山海关景区

▼ 秦皇岛野生动物园的黑冠鹤

食宿推荐

当地美食

北京市 北京烤鸭、炙子烤肉、涮羊肉、驴打滚、豆汁

廊坊市 大城驴肉火烧、霸州熬鱼

天津市 狗不理包子、十八街麻花、耳朵眼炸糕、煎饼果子、崩豆张、杨村糕干

唐山市 花生酥糖、郝家烧卖、棋子烧饼、乐亭刘美烧鸡

秦皇岛市 四条包子、清蒸飞蟹

热门住宿地

天津市 五大道、天津之眼商圈、滨海新区、天津站

蓟州区 盘山

遵化市 人民公园

唐山市 唐山站、南湖公园、路北区

山海关区 山海关

图书在版编目（C I P）数据

北京　天津　河北 / “中国自驾游”编写组编写
. -- 北京 ：中国地图出版社，2024.1
（中国自驾游）
ISBN 978-7-5204-3929-9

Ⅰ.①北… Ⅱ.①中… Ⅲ.①旅游指南－北京②旅游指南－天津③旅游指南－河北 Ⅳ.① K928.91
②K928.92

中国国家版本馆 CIP 数据核字（2024）第 020209 号

项目统筹 | 于佳宁
责任编辑 | 田　越
编　　辑 | 李潇楠　叶思婧　于佳宁
地图编辑 | 刘红艳　张晓棠
地图制作 | 王宏亮　何　苗
封面设计 | 李小棠
版式设计 | 王愔嫣
责任印制 | 苑志强
排　　版 | 风尚境界

中国自驾游·北京 天津 河北
ZHONGGUO ZIJIA YOU · BEIJING TIANJIN HEBEI

出版发行 中国地图出版社
社　　址 北京市西城区白纸坊西街3号
邮政编码 100054
网　　址 www.sinomaps.com
印　　刷 北京盛通印刷股份有限公司
经　　销 新华书店
成品规格 210mm×297mm
印　　张 2.5
版　　次 2024年1月第1版
印　　次 2024年1月北京第1次印刷
定　　价 19.90元

书　　号 ISBN 978-7-5204-3929-9
审 图 号 GS京（2024）0003号

咨询电话：010-83495735（编辑），010-83543933（印装），010-83543958（销售）
本书图片由视觉中国提供。